박효석 열여섯 번째 시집

별들의 우체통

그림과책

시인의 말

며칠 전 말할 수 없는 큰 감동을 받은 것은 다음과 같은 글귀 때문이었습니다.

그 글귀를 듣는 순간 산맥이 용솟음치는 것 같은 감동이 온몸을 휩싸는 것이었습니다.

박효석 시인님—

당신이 있어 행복합니다!

묘목 '微石'이 푸른 그늘을 펼쳐
우리의 안식처가 된 것은
묵묵히 나무를 가꾸어 온
한 농부의 헌신 때문이죠

詩의 밭에 詩를 짓는 것을
평생 업으로 삼은 농부가 되어
문학과 제자에 대한 애정으로
변함없이 이끌어 주신 시인님

사랑합니다! 감사합니다!

微石 창립 30주년을 기념하여

시와 함께한 젊은 날을 추억하며

微石人 모두가 감사의 마음을 모아

시인님을 기억합니다

그리고 다시 우리 모두

아름다운 동행을 시작합니다

늘 행복하소서!

2015년 10월 3일

경찰대학 미석문학동인회 회원 일동

사랑하는 제자들이 늘 곁에 있어 밥이 되지 않는 외길을 열심히 한눈팔지 않고 걸어왔나 봅니다.

행복한 마음으로 이 시집을 출간하게 되어 여간 기쁜 것이 아닙니다.

나도 제자들이 있어 행복합니다.

늘 나의 詩와 호흡하며 함께 살아온 사랑하는 아내와 더불어 제자들과 지금까지 걸어온 길을 끝까지 아름답게 동행하려 합니다.

2015년 10월 가을날에

박효석

차 례

1부

2부

3부

4부

5부

1부

떡갈나무

떡갈나무 잎을 보면
옛날 어머니가 만들어주시던
개떡이 생각나는데
허기질 때마다 어머니가 만들어주시던
개떡을 먹으면
속이 평온하기 짝이 없고 행복했던 것처럼

우리 집 거실의 떡갈나무를 볼 때마다
속이 시원해지는 것은
그때의 어머니의 미소가 반짝반짝
떡갈나무 잎을 비춰주고 있기 때문이 아닌지

햇살이 사금처럼 눈부신
우리 집 거실

갈대

드높은 파아란 가을 하늘
흰 구름 유유히 흘러가면
들꽃 향기 흐르는 들녘에도
갈대들의 흰 구름이 한가로이 흔들리고 있네

사람이 죽으면
육체는 흰 뼛가루만 남고
영혼은 흰 구름이 되어
파아란 하늘길을 타고 유유히 흘러가듯

갈대들의 육체도
가을이 깊어갈수록
흰 뼈만 남아
그동안 사유하던 시간들이
흰 구름 흘러가듯
한가로이 흔들리고 있네

야래향

짙은 어둔 세상에
발을 내디딜 때
어머니의 사랑의 향이
입가에 번진 미소처럼
은은하게 다가오듯

잠을 이루지 못하고
뒤척이는 밤이면
야래향의 향긋한 향내가
은하수 흐르듯 어느새 다가와
잠이 드는 밤

꿈결처럼 흘러가지요

가을바람

너른 들판으로
가을바람 지나가면
곡식들은 반갑다고 일일이 악수를 하고

나무들은
가을바람 지나갈 때마다
예쁘게 화장하기 바쁜데

잔잔한 호수 위로
가을바람 지나가면
하프 현을 맑게 튕기는 호수들의 연주가
하늘까지 닿았는지

호수 심연의 깊은 곳에 자리 잡고 앉아
속살까지 맑게 드러내며
그 연주에 심취해 있는

파아란 가을 하늘

가뭄

세상을 살다 보면
적당히 빠져주는 것이
필요할 때가 있다

곁에서 슬픈 일이 생겨 울어야 할 때
마음 놓고 울도록
등을 토닥거려 줘야 할 때가 있다

염치없이 나설 때 안 나설 때
분간 없이 나서면
꼴불견도 이만저만 볼썽사나운 것이 아닌데

요즘 태양이 그렇다
적당히 알아서
얼굴을 가려 주거나
뒤로 빠져주면 좋으련만

세상이 숨 막혀서 죽을 지경인데도
나 몰라라
연신 웃고만 있다

지하철을 기다리며

지하철이 오길 기다리는 마음처럼
때론 살면서 기다릴 줄 알아야 한다

와야 될 시간에 오지 않고
연착될 때가 있는 것처럼
인생 또한 그러하려니

기다린다는 것은
세상을 점차 알아가는 일

사랑하는 사람아
때때로 기다리다 승차한 세월이
그때 그때마다 목적지에 도달하듯
나의 사랑 또한 그렇게
너에게로 달려간다

詩의 바이러스

세상을 사는 동안
詩를 읽지 않으면 살 수 없는
詩를 전염시키는 바이러스는
이 세상에 없는 것일까

치료약이 필요 없는
詩를 읽어야만 건강하게 살 수 있고
詩를 읽지 않으면
끝내 병들어 죽고야 마는

이 지구상의 어떤 한 사람도 빠뜨리지 않고
전염시킬 수 있는
아주 강한 詩의 바이러스는
과연 이 세상에 없는 것일까

詩를 읽는 사람의 머리마다
푸른 숲이 되고
푸른 강물이 되고
푸른 산맥이 되는

그리하여 세상천지를
울창한 詩의 푸른 나무로 변이시키고
끝없이 넓은 詩의 푸른 바다로 변이시켜
각양각색의 음 색깔로 노래하는 새들처럼
詩의 푸름의 메아리를
서로 수신하고 교감하지 않으면
이 세상에선 도저히 살 수 없는
엄청 전염성이 강한 詩의 독성 바이러스가
이 세상엔 과연 없는 것일까

나는 우선 가족들에게
詩의 감동의 바이러스를 전염시키기 위하여
수시로 詩를 읽어주고 있다

아내의 손가락

당신의 손가락은
건반이에요

우리 집 가족들이 사랑으로 연주하기를
조율하고 준비하고 있는
당신의 건반 손가락을
나는 진심을 다해 연주하지요

"여보, 사랑해"

내가 연주할 때
세상에서 가장 맑고 아름다운 음이 나지요

임대

경기가 불황인지
임대라고 써 붙인 건물이 많듯
나도 나날이 늙고 병약해가서인지
날 필요로 하는 사람이 뜸한 것이
마치 개점 휴업한 것 같다

폐업할 때가 가까워진 것 같은데
나를 임대라고 써 붙이면
과연 날 필요로 할 사람 한 사람이라도 있을지
병들어도 아주 중병이 들었는지
몇 년이 지나도 삼 분의 이가 공실률인
우리 집 앞 건물처럼
내 몸도 갈수록 공실률이 늘어날 텐데

혹시 누구한테 전화 오지 않을까
하루에도 수없이
스마트폰을 열어 봤다 닫았다
반복하고 있다

경매

살아갈수록
내 믿음에 대해 부도가 나니
헛살았구나 하는 생각이
자꾸만 든다

몸은 쇠약해지고
정신을 받쳐주던 사랑도
무기력해져만 가는 것이
이젠 더 이상
인생의 꽃을 피울 수가 없을 것만 같다

꽃 피던 화초가
몇 년이 지나도 꽃 피울 기미를 보이지 않을 때
폐기처분하고 싶은 생각이 나는 것처럼
나도 폐기처분할 때가 가까워 온 것은 아닌지

만일 나를 경매에 내놓는다면
입찰에 응할 사람이
한 사람이라도 있을지

유찰에 유찰을 거듭하면
결국 보수비가 더 들 것이라며
그나마 애증을 갖고 있던
몇 안 되는 사람들까지도
모두가 떠나가 버리고 말겠지

전세

사랑하는 그대여
내가 그대 마음에 전세 살면 안 될까?

사글세로 여기저기 방황하다가
이제야 마음 붙일 곳 찾은 것 같은데
그대가 어떨까 싶어
그대 마음 독차지할 용기는 나지 않고

사랑하는 그대여
방 하나나 방 둘 쯤
임시, 전세로 들어가면 안 될까?

행복한 날

싱그러운 풀잎
풋풋한 풀잎 사이로
소녀가 걸어갑니다

새하얀 구름의 미소가
살포시 흐르는 하늘은 더 없이 푸르른데
해님은 싱글벙글
웃음을 참질 못합니다

지상엔 꽃들이 앞을 다퉈
활짝 피고
세상 나들잇길에 나선 사람들은
부푼 꿈의 풍선을
하늘로 날리기 바쁩니다

오늘은 누굴 사랑해도
마냥 행복할 것만 같은 날

하나님이 빙그레 웃으시는지
목련꽃이 초혼의 신부처럼 눈부십니다

영혼의 사다리

만약에 영혼에 사다리가 있다면
그 사다리를 타고
저 세상에 계신 어머니한테
건너갈 수 있을 텐데

만약에 영혼에 사다리가 있다면
그 사다리를 타고
먼저 저세상으로 떠나간
친구들을 만나볼 수 있을 텐데

만약에 영혼에 사다리가 있다면
이승과 저승이 구분이 없어
이 세상의 영영 이별은
일어나지 않을 텐데

만약에 영혼에 사다리가 있다면
사랑하는 이여
이 우주의 천체가 멸한다 할지라도
우리의 사랑은 변함없이 영원할 텐데

여치

여름밤
여치가 울면
밤하늘엔 은하수 강물이 출렁 출렁거리고
들녘에선 에어컨이 돌아간다

이따금 에어컨 바람을 쬐러 오는지
들녘으로 별들이 찾아오면

여치들이 아주 센 바람의
에어컨을 틀고 있다

토란 나물

토란 나물을 먹으며
토란잎을 폴짝폴짝 뛰어다니던
청개구리처럼
세상을 마냥 뛰어다니던
철부지 시절을 생각하며
해 쨍쨍하기 그지없는 여름 한나절
여우비처럼 토란잎에 내리던
빗소리를 듣는다

더운 세상을 뛰어다니다
한걸음에 달려와
어머니의 품에 안겼을 때의 시원함처럼
토란나물을 먹으며
토란잎에 내리던
그때의 빗소리를 다시 음미하는 것은
불후의 명곡을 또다시 듣는 것 같은
행복이다

하늘 선풍기

섭씨 30도가 넘나드는데도
하늘이 선풍기를 틀어놨는지
시원하다

하늘이 틀어주는 선풍기 바람은
마치 실개천에 마음을 담아놓은 것처럼
청량하다

어머님이 자장가를 부르며
사랑으로 부쳐주던 그때의 부채 바람을
하늘이 선풍기를 틀어
지금 부쳐주고 있다

2부

희망의 노래

한 해에도 태풍이 몇 번씩 오듯
살아가다 보면
태풍 같은 시련이 자주 찾아오는 것을
그러나 시간이 지나다 보면
언제 그랬냐는 듯
모두 제자리에서 제 모습 그대로
열심히들 살아가고 있지 않으냐

뿌리째 드러난 상처도
위안을 삼고 살던 마음을
송두리째 수몰시킨 슬픔도
언제 또 그랬냐는 듯
눈부신 햇살이
또다시 우리 마음을 비춰주고 있기에
툭툭 털고 일어나야 하지 않겠느냐

담금질을 하면 할수록 쇠가 굳어지듯
우리의 세상살이도
시련을 겪으면 겪을수록 더욱 단단해지려니

사랑하는 사람아
오늘 흘린 눈물이
내일을 위한 생명의 생수 될 수 있도록
툭툭 털고 일어나
우리 함께 희망의 찬가를 부르지 않을래?

나무 그늘

땡볕 내리쬐는 날
나무 그늘은
넉넉히 품어주는 어머니의 품 안 같은 것

잠시 쉬었다 가려무나
타관에서 얼마나 고생이 많으냐

살아가느라 헉헉
네 심장은 보나 마나 물 한 모금 없는
사막과도 같은 갈증이려니

잠시 내 품에 안겨
타관의 타는 목마름을 축축이 축이려무나

더우면 더울수록
녹음 우거진 나무 품 안에 안겨
여름을 신나게 노래 부르고 있는 매미같이
너는 내 품에 안겨
맘껏 노래 부르려무나

노심초사했던 엄마의 마음이
시원한 그늘이 되도록

혁명

태풍이 그동안 참았던
끓어오르는 분노와 눈물을 쏟아 붓듯
쥐 죽은 듯 숨죽이고 있던 세상이
진저릴 치는 것은

마지노선 같은 우리 안에 갇혔던 세상이
폭우 같은 함성으로 둑을 무너뜨리며
우매하기 짝이 없던 맹신들이
뿌리째 뽑혀 나간 허허벌판에서

그래도 툭툭 털고 일어나
다시 시작할 수 있는 것은
언제 그랬냐는 듯싶게
어머니의 자애로운 미소 같은
눈부신 햇살이
온 세상을 내리쬐고 있나니

세상이 불순물을 제거하고
순금이 되어
살맛 나는 세상이 되었나니

하얀 길

눈이 내린다

그것을 바라보는 내 마음에도
눈이 내린다

하염없이 눈이 내려
세상 길을 모두 덮어버리면
내 마음의 길도
모두 하얗게 덮여
어디로 가야 할지
갈 길을 잃는데

멀리서 들려오는
하얀 기적 소리

사설

자정이 넘어
여기저기서 취객들이 택시 잡느라
세상이 비틀거리면

스모그에 가려
별들은 하나도 보이지 않고
달만 희끄무레 보이는데

네온사인이 휘황찬란한 나이트클럽에선
발광 난 남녀들이 밤을 흔들어대다가
하나둘씩 짝을 지어
이 밤이 다 가도록 불태우는데

날이 새면 세상은 언제 그랬느냔 듯싶게
시치미를 뚝 떼곤
보란 듯이 명심보감을
사설하는 세상

일생

한바탕
황사 바람이 몰아쳤지

그리곤
곧 잠잠해졌지

눈 감으면
끝없이 펼쳐지는 비단결 사막

봄과 사랑

꽃이 피고
꽃이 지듯
사랑도 그렇게 떠나갔네

꽃이 피듯
그리움은 찾아오고
꽃이 지듯
그리움은 그렇게 또 떠나가네

사랑하는 사람아
봄은 일장춘몽이던가

봄은 아련아련 오고
사랑은 아련아련 지나가네

봄은 꿈을 꾸듯 찾아오고
사랑은 아쉬운 꿈에서 깨어나듯
떠나가네

초등학교 시절

6·25가 난지 몇 해 지나지 않아
난 맨발로 학교에 다녔다

학급 반장이라선지
어느 학부형께서 검정고무신을 사주셨고
교과서 없이 다니는 나를 위해서
담임선생님은
쓰르라미 울어대는 나무그늘 아래서
그 날 공부할 과제를 외워오면
바로 집으로 보내 주곤 하셨는데

비록 밥은 먹지 못하고
옥수수죽으로 끼니를 때우면서도
마음은 늘 흰 아카시아 꽃잎처럼
바람 풍금을 연주했던
그 시절을 떠올리면

지금도 오색풍선이
하늘을 뒤덮을 것만 같은
수원 남창초등학교 그 시절

회상

어느 날
지나가는 사람을 바라보다
누굴 닮았더라
까맣게 잊고 살았던 친구를 떠올린다

그 친군
잘살고 있겠지?
흑백 영사기 돌아가듯
문득 그 시절로 돌아가면

벚꽃은 이미 흐드러져
지고 있는데
추억은 이제 막
꽃망울을 맺고 있어라

졸업

수원에서
남창초등학교 나왔어 하면
어, 그 학교 나왔어!
한다

6·25 전쟁고아인 내가
남창초등학교를 나올 수 있었던 것은
내가 있던 고아원이
남창초등학교 근처에 있었기 때문인데

수원의 상권 중심지에 살고 있던 아이들이
다니는 학교이선지
부자들만 다니는 학교라고
소문났던 남창초등학교

사실 나처럼
밥 굶는 아이들도 더러는 있었는데
그 학교 나왔어 하면
부자였을 거로 생각하니
역시 그때나 지금이나

부자를 제일 부러워하긴 마찬가지인 것 같은데

만약 이 세상 떠날 때
어느 세상 출신이야 물으면
그땐 뭐라고 답하지?

한 송이 수련꽃

그녀가 속눈썹을 깜박일 때마다
마치 잔잔한 호수 위로
바람 살며시 스쳐 지나가는 것 같아

그녀의 호수 심연에는
어떠한 생각들이 잠겨 있는지
상상하다 보면
가슴이 설레어지는데

그녀가 한 송이 수련꽃으로 피어오르면
내 가슴에도 불어오는
호수 위를 스쳐 가는 바람

고향 가는 길

고향 가는 길은 멀고도 가깝다

마음은 이웃 가듯 가까운데
자주 찾아가지 못한 고향길은
멀기만 하다

고향을 찾아가는 길에서
신기루처럼 자주 만나는 고향의 모습들은
오아시스에서
갈증 난 목을 축이는 것처럼
늘 마음의 푸른 숲인데

마치 감금 상태에서 풀려난 것 같은
고향 가는 길은
아무리 멀어도 가깝다

죽은 날

시인이 시를 쓰지 않는 날은
죽은 날이나 다름없다고 생각을 하면서도
지금까지 시를 쓰지 않고 보낸 날이 태반이니
시인이라고 말하기엔
너무나 부끄러운 것 같다

시의 언어는
살아있는 생명체와 같아서
시를 쓰는 작업은
마치 생명체를 창조하는 것과 같은데

시인은 하루도 빠짐없이
새로운 생명체를 탄생시키고 만나야
비로소 활력 넘치는 시인으로 살 수 있는 것을

시인이 시를 쓰지 않는 날은
시인에겐 숨 쉬지 않는 날이나
다름없어라

행복

나는 참 행복합니다
평생을 아내가 나만을 사랑하며
살아온 걸 알았으니까요

삼라만상을 다 가지는 것보다도
한 여자의 사랑을 독차지하는 것이
세상에서 제일 어려운 일이니까요

오로지 나만을 바라보며 살아온 아내가
언제나 내 곁에 있어
나는 평생을
세상뿐 아니라 사랑 또한 모두 손에 쥐고
살아온 것이나 다름없는 것 아닐까요

횡단보도

지금까지 살아오면서
자주 세상을 무단횡단하지는 않았는지

그때마다 나로 인하여
기겁했을 사람들을 생각하면
저 세상에 가서도
영혼이 자유로이 건너편 영겁으로
건너가지 못할 것만 같다

무엇이 그리 급하다고
남보다 한발 앞서 빨리 가려고
욕심을 내었는지

그때마다 빨간 경고음을 들으면서도
남들이 십년감수 하는 것을
아는 체 모르는 체
나만 생각하며 살았으니

주어진 대로 흘러가는 강물처럼
흘러가다 돌부리에 부딪히면 부딪치는 대로

돌아가야 하면 돌아가야 하는 대로 흘러가야
세상의 넓은 대양에 도달할 수 있는 것인데

무단횡단하기를 밥 먹듯 했으니
아무래도 영혼이 자유롭지 못할 것만 같다

종신형

하루에도 수십 번씩
지병과 사투를 벌이면서도
죽어서는 안 된다고 다짐하는 것은

평생을 시 창작에 몰두하며 살아야 한다는
무기징역을 선고받은 후
아직 사형선고를 받지 않았을뿐더러
시와 함께 살아야만 하는 종신형은
어쩜 나에게 주어진 숙명 같아

어차피 시에 구속된 수형 생활이라면
지병도 운명처럼 받아들이면서
내가 죽은 후
모범수였다는 말만은 듣고 싶다

3부

초월

죽음을 뛰어넘으니
영원히 사는구나

죽는다는 것은
다시 사는 영생의 문

무한한 자유가
끝없이 펼쳐지는구나

경계를 허무니
사유는 초월이 되고

죽었던 것들이 부활하여
우주가 되는구나

본체

어머니는
이 세상에서 가장 위대한 종교이자
신앙입니다

어머니의 그지없는 희생은
바로 그분의 말씀인
본체의 뜻입니다

어머니의 한없는 사랑은
바로 그분의 무한함이 없는
창조이기도 합니다

다인 커피숍에서

수원시 반달공원 옆
다인 커피숍에서
바람에 날리고 있는 낙엽을 바라보고 있으면
마시고 있는 아메리카노 커피가
마치 갈잎을 우린 커피 같아
나도 낙엽처럼 물들고 있는데

노년을 실직한 노인들이
공원 벤치에 삼삼오오 모여앉아
젊은 시절의 곱던 시절을 회상하며
낙엽처럼 하염없이 날리는 세월을
시간 가는 줄 모르고
맥없이 바라보고 있는 것을 보다 보면

아메리카노 커피가
몸속에 스며들면 들수록
마치 나도 바람에 날리고 있는 낙엽 같아
어느새 노인들 곁에 다가앉아
반달공원에서
하루를 실직하고 있는 내 마음

설렘

또다시 새해를 맞이할 수 있게 하여 주심을
감사드립니다

다시금 시작할 수 있게 하여 주심과
새 소망을 품게 하여 주심을
감사드립니다

살아있음의 감동이
밀려오는 눈부신 새하얀 파도처럼
솟구치는 생명의 환희여

마치 새악시가 마중 나오듯
해돋이 불끈 솟아올라
붉은 비단 펼쳐놓고
신혼의 첫걸음 내디디는 듯한
설렘의 행복이여

그리움

내 심장엔
평생을 가물 줄 모르는
그리움의 실개천이 흘러

때로는 홍수가 나서
온몸을 적시기도 하는데

눈망울 둑이 터져
넘쳐날 때도 있다

물구나무

호수에 물구나무선
나무들처럼

그대 마음에
나도 물구나무설 수 있다면

내 영혼은
그대 마음에 들어가
고요히 명상에 잠겨 있는
푸른 하늘이 되리

늘 푸른 영겁이 되리

사월초파일

2015년 사월초파일은
세상이 화창하여
득도한 것 같은데

이전희 스님의 천불사는
세상 빛에서
벗어날 수 있을까

마음을 밝힌 등불은
꽃으로 환생하여
미움도 시샘도 분노도 증오도
꽃처럼 환하게 웃고 있는데

세상은 환한 보름달처럼
둥굴 둥굴
손에 손잡고 강강술래 하는구나

세상 빛을 털어내고
연꽃으로 피어
해맑은 석가가 되고 있구나

가을걷이

시인은
詩뿐이 거둬들일 게 없는데
내 詩가 과연 얼마나 많은 사람들에게
일용할 양식이 되었을지

詩의 곳간에 채워 둘 詩를 아무리 둘러 봐도
눈에 띄는 건
오로지 쓸모없는 쭉정이뿐인 詩

詩의 품종을 새로 개발하든지
절필하든지
목숨을 걸고 심사숙고해야겠다

감사

한바탕 쑥대밭을 만들고 말겠다는 태풍이
심술을 부리고 간 후

몸도 가누지 못할 바람에
쓰러졌던 벼들이 일어나고

폭우로 진흙더미 속에 묻혔던
채소들도 일어나고

절망으로 수몰됐던 마음들을 추스르며
일어나는 농부들이 있어

돌아올 감사의 계절엔
쌀 한 톨이라도 추수할 수 있게 하여 주심과
채소 한 잎이라도 먹을 수 있게 하여 주심을
감사드리고

또한 가족들이 팔월 한가위를
함께 보낼 수 있게 하여 주심을
그분께 감사드리면

세상은 다시 또 팔월 한가위 보름달처럼
둥글둥글 밝아지겠지?

알몸

세상이 아무리 더워도
그댈 생각하면
마음이 시원해지네

실개천같이
졸졸 흐르는 그대의 사랑
따라가면

내 마음은 알몸이 되어
그대의 마음 안에
첨벙첨벙 뛰어들고 있네

맨발

자메이카의 마라톤 선수들이
맨발로 연습하여 우승하는 것처럼

6·25전쟁이 끝난
초등학교 시절
맨발로 학교를 다녔기에

난 인생의 꼴인 지점까지
맨발이길

늘 그런 마음으로 살아야
승리할 것만 같은 예감이
평심을 잃지 않게 유지하기 주었기

전쟁은 나에게 있어서
쉬지 않고 끊임없이 맨발로 달리게 하는
원동력이 되었다

빨간 십자가

자동차가 질주하며
내뿜는 더운 배기가스처럼
밤새 세상이 술에 취해 배기가스를 내뿜으면
세상은 덥다

목이 마르고
가슴이 답답하여
숙면을 취하지 못한 밤이
충혈된 눈으로
새벽기도회에 갈 때

세상은 밤새 있었던 일을
위증하기 위하여
세상을 깨끗이 청소한다

내일 밤도 그럴 것이고
낼모레 밤도 그럴 것이고
먼 훗날 밤도 그럴 것이다

새벽은 위증하러 기도회에 갈 것이고
빨간 십자가의 묘비석은
날이 갈수록 점점 늘어날 것이다

보고 또 봐도

그대여
보고 또 봐도
그대는 나의 운명 같아서
나의 호흡 같아서
나의 사랑 같아서

보고 또 봐도
나의 시간 같아서
나의 세월 같아서
나의 죽음 같아서

보고 또 봐도
나의 숙명 같아서

숨이 멎을 것만 같은 그대여

그대 모습

어젯밤 밤새 우레치고
비바람 몰아치더니
언제 그랬냐는 듯
새벽, 두둥실 떠오르는 태양처럼
해말간 얼굴로 시련을 떨치고 일어선 그대 모습이
몹시도 사랑스럽구나

마치 진흙탕 물속에서
번뇌 씻고 얼굴 내민 연꽃 같아
그대 곁에 가면
상쾌한 산소 바람 같은 맑은 향기가
코끝을 스쳐

아수라장 같은 어둠을 깨끗이 씻어내고
새벽, 풋풋한 풀잎을 구르고 있는
참이슬 같은 그대 모습이
너무도 사랑스럽구나

물장구

햇살이 맨발로 걸어 다니면
꽃들이 옷을 훌렁 벗어 던지고
실개천은 속살로 흐르는데

옷을 모두 벗어 던진
내 마음도 알몸이 되어
햇살과 몸을 섞고
물장구치누나

인어

내 마음속을 휘젓고 다니는
당신은 한 마리의 인어

내 마음은 늘 무인도였는데
당신이 내 마음속을 헤엄쳐 다니더니
유인도가 되었네

내 마음 속 파도가
쉴 새 없이 찰싹거리면
갈매기들이 서로서로
내 마음을 입에 물고
그대에게 달려가네

전쟁고아들

6·25전쟁이 끝나자
우린 여기저기서 발견되는
파편 같았다

허물어진 마음의 담벼락을
움켜쥔 우리의 자존심은
허기진 배를 채우는 일에
급급해야 했다

헬로우 초콜릿 기브미

코빼기 양키들의 뒤를 졸졸 따라다니며
그들이 웃음을 던져줄 때마다
체면을 삼켜버렸다

4부

대가 순댓국

대가 순댓국은
찌는 듯한 삼복더위에 먹으면
심층 깊은 지하수로 등목을 하듯
속이 후련하게 시원해지고

매서운 한파가 몰아치는 겨울에 먹으면
따뜻한 난로를 쬐듯
속이 따끈따끈해져

어머니의 지극한 사랑으로 맛을 보듬었다는
대가 순댓국을 먹으면
타관에서도 외롭기 그지없는 밤엔
어머니의 따뜻한 손길을 느낄 수 있어

세상살이 소태맛처럼 속이 쓰릴 때에는
어머니의 한없는 사랑이
도란도란 정담 나누듯
마음을 쓰다듬는 것 같아라

지하철은

시민의 손발인 지하철은
아무리 손발이 아파도
쉴 줄을 모른다

심한 병이 아니고서는
믿고 기다리는 사람들의 하루를
망칠 수 없기에
하루도 쉴 줄을 모른다

가족의 행복을 위하여
쉬고 싶어도 쉬지 못하고
바삐 출근하는 사람들처럼

지하철은 오늘도
새벽 출근길부터 늦은 귀갓길까지
하루도 쉬지 않고
그들의 손발이 되어 달린다

깊고 푸른 강

가을을 입속으로 되뇌다 보면
가을은 강물이 되고
강물은 눈시울을 적신다

이젠 종착지인 바다로
떠나가야 할 때가 온 듯
숨 한 번 크게 내쉬는

그녀의 눈동자 속에 흐르는
깊고 푸른 강

하늘도 고독한지
그녀의 깊고 푸른 강에 들어와
영혼을 뉘고 있다

단풍처럼

첼로를 연주하고 있는 바람이
단풍을 곱게 물 들이고 있는 것을 보면
나의 사랑도 누군가를
곱게 물 들이고 있던 때가 있었는지

이젠 나도 남은 인생을
저 세상 갈 때까지
나 스스로 단풍처럼 곱게 물들여
아름다운 사람이었다고
기억할 수 있게 해야 할 텐데

내 마음이 단풍처럼 곱게 물들기를
바람이 연주하는 첼로 소리에
흠뻑 젖어본다

낙타야

낙타가 오아시스를 찾아 우리나라에 왔다
이 사람의 심장과 폐가 오아시스일까
저 사람의 심장과 폐가 오아시스일까

평생을 풀 한 포기 나지 않는 사막을 걷다
죽음에 도달하는 것이 숙명이라 하지만
이젠 슬슬 반감이 나고 오기가 나는 것이
사막이 없는 곳에서 잠시나마 살아봤으면
어떨까 생각이 들어
사막이 없는 세계여행을 떠났다
낙타가

모래를 씹고 삼키고 살아야만 하는 생이
과연 낙타에게만 있을까

사막이 없는 우리나라를 여행하는 것이
신이 났는지
낙타의 여행지가 연일 화제다

가는 곳마다 만나는 사람의 심장과 폐에 들어가
오아시스의 시원하고 감칠 맛 나는 물을

먹어보려 하지만
사막에서 만났던 오아시스는 없고
쓰디쓴 소태맛만 나는 것은

어차피 산다는 것은
어디서 사나 오아시스를 찾아
모래를 씹고 삼키고 살아야만 하는 것이라는 것을

낙타야
한시라도 빨리 깨닫고
네 나라 사우디아라비아로
돌아가려무나

안개

무엇을 보여주려고
연막을 쳤던 것이냐

막상 막을 올려 봐야
세상 풍경은 어제나 그제나 별다름 없는 것을

그러나 강물은
서린 입김을 서서히 걷어 올리며
그지없이 고요롭고 맑은 얼굴로 등장하고
호수가 눈곱 하나 끼지 않은 이른 새벽 같은
눈망울을 활짝 뜨면
새 떼들이 힘차게 나래 치며
날아오르는 것을 보여주는데

그러는 사이
세상이 어제나 그제나 다른
영구차 한 대가
저 세상 밖으로 지나가는 장면을 보여주며
막을 내리고 있구나

연막 속에 설정했던 의도들이
하나의 감춤 없이
다 드러나고 있구나

열 손가락

아내는 열 손가락으로
우리 집을 지휘한다

우리 가족들은 아내의 지휘에 따라
각자 자기가 낼 음을 정확히 내어
화음을 맞추는데

가족 중의 한 사람이 문제가 생겨
음을 내지 못할 경우에는
아낸 나머지 가족들이 맞출 수 있는 화음으로
지휘를 하여

우리 집은 언제나
사랑의 노래가 흘러넘친다

그녀의 눈망울엔

그녀의 눈망울엔
일렁이는 호수의 물결이 있다

그녀의 눈망울엔
호수의 물결을 타고 가는
바람이 있다

그녀의 눈망울엔
호수를 차고 오르는 물새들의 날갯짓에
흩어지는 안개 같은
짙은 우수가 서려 있다

그녀의 눈망울엔
그녀가 눈망울 떴다 감았다 할 때마다
세상의 숨을 쉬게 하기도 하고 멈추게도 하는
신비의 마력이 숨어있다

죽으나 사나

세상을 살아가는 데 있어서
내가 막노동을 하는 것은
세상을 건설하는 데 있어서
철골 구조물을 튼튼히 세워야
건물을 지을 수 있듯이

땀과 피눈물을 범벅하여
사랑을 건설하는
나의 가난한 생계가
용케도 버티며 여기까지 올 수 있었던 것은
죽으나 사나
나의 가족들의 사랑이었음이라

결혼기념일

36년째 결혼기념일 만찬 때 만약 다시 결혼한다 해도
난 당신과 결혼할 거예요 하고 말하는 아내의 말에
결혼기념일 만찬을 준비한 며느리가 하는 말이
어머님, 아버님 어떻게 그럴 수가 있어요 하고 묻길래
오늘 만찬만 같아라 하며 의미 있는 미소를 짓는
아내의 표정에 수긍이 갔던 것은
오늘 나온 쓰디쓴 씀바귀 반찬도 맛있게 잘 먹고
다디단 갈비찜도 맛있게 잘 먹듯이
오늘 만찬만 같으면 며느리도 그때는 아내와 같은 말을
할 수 있으리라 생각되는
아내가 세상에서 제일 자랑스럽고 사랑스러운
결혼기념일이었다

행운목

지금까지 살아온 날들을 돌아보면
나는 행운아가 아닌가 생각된다

평생을 시인이라는 외길을 걸어오는 나를
절대적으로 지지해주는 아내가 있고
나를 언제나 자랑으로 응원해주는
아들딸이 있기에
나는 선택받은 행운아가 아닌가
생각된다

십 년이 지나야
행운목에 꽃이 핀다는데
나는 평생을 바쳐야
꽃을 피울 수 있을 것 같아
한눈팔지 않고 외길을 걸어왔는데
과연 우리 가족들에게
행운목 같은 꽃을 피워줄 수 있을지

돌이켜 보면
지금까지 살아오면서
행복했던 순간들이 많은 걸 보면

혹시 그때마다 행운목 같은 꽃이 피었던 것은 아니었는지

가족들 모두가 건강하고
웃음꽃 떠나지 않는 걸 보면
지금도 행운목 같은 꽃이
우리 집에 활짝 피어 있는 것 같다

자화상

아침에 일어나면
세수를 하곤
자화상을 그린다

늘 같은 모습의
자화상을 그릴 때가 많지만
특별한 모임이 있을 땐
보통 칠하던 색깔을 바꿔
다른 색으로 칠해본다

늘 같은 모습의 자화상일 때는
관심을 보이지 않던 친구들도
다른 색으로 바꿔 칠하고 나가면
나의 자화상을 보고
놀라워할 때가 많다

그렇다
일상이 늘 똑같은 일상으로 반복될 때
사는 것이 지루하게만 느껴지듯
늘 똑같은 자화상을 그리는 것도
이 세상사는 묘미를
반감시킬 것만 같다

그 집

광교산에 갔다 내려오는 길에
그 집을 들르지 않고 지나치게 되면
그동안 내가 오길 기다리며
산이 준비해 놓은
푸른 막걸리를 마시지 않고
그냥 오는 것만 같아

광교산에 갔다 내려오는 길에
그 집을 들르지 않고 그냥 지나치려면
마치 산새 소리 계곡물 소리 산바람 소리
모두 놓고 그냥 오는 것만 같아

그 집에 앉아
푸른 막걸리를 음미하고 있으면
마치 산 중턱에 앉아
산새 소리 계곡물 소리 푸른 산바람 소리에
마냥 취해 가는 것만 같은데

광교산에 갔다 내려오는 길이면
그냥 지나칠 수가 없네
그 집을

황태

많은 시련을 겪고 살아왔음에도
내 생애는
왜 명품인 황태가 되지 못하는 것일까

온탕 냉탕을 수없이 오가며
칼날 같은 추위와
바늘 침으로 찌르는 듯한 세파 속을
열심히 뚫고 살아온 생애인데
난 왜 사람들이
거들떠보지도 않는 생애를 살아온 것일까

세상의 입맛을 잃은 사람들의
입맛이 조금도 되어주지 못하고
세월의 쓰린 속을
조금도 시원하게 풀어주지 못하고 있는
나의 생애를
어떤 세파를 더 견뎌내야
명품인 황태가 될 수 있을는지

세속에 찌든 때를
열심히 벗겨본다

겨울 김장

한겨울의 추위를 어떻게 하면 잘 익혀
겨울을 맛깔나게 보낼 수 있을까

가족들이 마음을 걷어붙이고
혹시 마음이 너무 추워
가족들 간에 마음이 얼어붙지는 않았는지
고이 간직하고 있던 사랑들을 모두 꺼내
마음들을 아낌없이 비벼대고
지독히 추울 때를 위해
사랑을 절임해 겨울을 김장하면

올겨울도 우리 집엔
동백꽃이 만발하고
함박눈 같은 웃음이 소복소복
가족들 마음마다 쌓이지 않겠느냐

5부

편지봉투

편지봉투엔
편지를 넣어야 하는데
편지는 넣지 않고
축의금이나 부의금
아니면 촌지를 넣는 일이 너무 흔해

길에 서 있는 우체통이
너무 쓸쓸해 보인다

차마 말로는 고백하지 못하고
편지봉투에 사랑을 담아
보내고 나선
몇 날 며칠 밤을 꼬박 새우는가 하면

마음의 진실을 담아
상대방의 마음을 움직였었던 편지를
이제는 보내지들 않는지

편지 대신
휴대전화 벨 소리만

정신없이 울려대고 있는 거리에서

말없이 길에 서 있는 우체통이
너무 외로워 보인다

지하철 숨소리

아침, 출근할 때마다
“여보, 사랑해요”
아내와 입맞춤하면

달리는 지하철의 숨소리는
내내 사랑하는
아내의 숨결같이 느껴지고

아침, 출근할 때마다
“아빠, 힘내세요”
아이들이 응원하면

달리는 지하철의 숨소리는
내내 사랑하는
아이들의 맥박처럼 느껴지고

땅속

땅속은
어머니의 깊은 마음속 같아

세상이 더우면 더울수록
땅속 깊은 곳의
심장도 얼얼할 시원한 찬물로
세상을 등목시켜주는데

세상이 추워지면 추워질수록
땅속 깊은 곳에서 솟아 나오는
따끈따끈한 온천물에 세상을 푹 담가
피곤을 눈 녹듯 풀어주고 있는
땅속

창조의 힘

나의 영혼이
맑은 샘이라면
얼마나 좋을까요

나의 사랑이
맑은 샘이라면
정말로 얼마나 좋을까요

날이 갈수록
정신은 혼탁해지고
사랑 또한 무미건조해지니
특별한 일상이 없는 나날이
반복되는데

창조의 힘이여
신선함의 충격이여
산 구릉을 울리는
거대한 폭포수의 호령처럼
내 안을 과연 누가 천지 요동칠 것인지

꽃은 피고 지고
하염없이 눈은 내리고 녹는데
이러다가 영혼과 사랑의 뇌의 기능이
의식 없이 마비되지는 않을는지

선녀처럼 사뿐사뿐
그녀가 꿈처럼 나타나면
좋으련만

사랑의 집

사랑이여
하루해가 저물면
집으로 귀가하는구나

마트에서 낮 동안 팔던
어깨 처진 채소들을 떨이하기 위하여
안간힘을 쓰듯이
먹고 살기 위하여 긴장했던 시간들이
맥이 풀리는 저물녘

내가 귀가하길
기다리는 반가운 가족들이 있어
내 발걸음은 그곳을 향해
잰 걸음이 되는구나

하루 종일 누적된 피로도
말끔히 씻겨 지고
활력의 새 피를
새로 공급받은 듯
사랑이 분수처럼 솟구치는 그곳

세상은 어둠으로 덮여 가는데
축 처졌던 어깨들이
싱싱하게 되살아나는 그곳
사랑의 집

스타트

새해를 맞이하거나
절망을 딛고 마음을 다잡고 나면
세운 목표를 향해
다시 또 출발한다

세상을 살면서
수없이 겪는 일이지만
목표치에 도달하지 못하거나
실패하는 경우에도
언제나 마음만 먹으면
다시 또 출발할 수 있기에
세상을 살 수 있는 것이다

그러기에 출발선은
세상을 사는 희망이다

손을 떠난 오색풍선들이
꿈에 부풀어
하늘로 날아가듯

출발선을 떠나
목표를 향해 달리는 희망들이
하늘 향해 날아가는 오색풍선들처럼
꿈에 부풀어 오르고 있구나

내 마음의 집

그대여 내 마음속 깊은 곳에
그대가 입주해 살 수 있는 집을
마련해 놓았소

화려하거나 크진 않아도
그대가 살기엔
이 세상 그 어떤 집보다
아늑할 것이라고 생각되오

세상의 비바람이나
그 어떤 모진 한파도 다 막아주고
한시도 그대 마음을 외롭지 않게 지켜주기 위하여
내 마음의 집에
365일 항상 따뜻한 사랑의 난로를
피워 놓겠소

세상의 그 어떤 피곤이나 상처도
따뜻한 난로를 쬐다 보면
스르르 녹아
내 마음의 집에 머물기를 정말 잘했구나

생각되는 감동의 눈물 한 방울이
찡하게 그대의 마음을 행복으로 물결치는
그런 집에서 그대가 살 수 있도록

그대여 내 마음을 다해
그대가 살 수 있는 집을 마련해 놓았소

나의 詩集

살아온 날들을 생각하면
밥도 되지 않는 詩들을 찾아
세상천지를 떠돌아 다녀야만 했던
부초 같은 세월처럼

물결 따라
둥둥 떠다니던 해초들을 모아
김을 만들 듯이
떠돌아다니던 詩語들을 모아
세상에 詩集을 출간하였어도

들기름을 바르고
뜨거운 불에 다비한 김은
식탁에 일용할 반찬으로
빠지지 않고 오르는데

김 같은 그런 과정을 거치지 않았는지
이 세상의 어느 한 사람에게도
일용할 양식이 되지 않는
나의 詩集

월세

세상을 떠돌아다니며 방황하다가
우연찮게 마음에 드는
그대 마음의 집을 발견하여
잠시 방 한 칸 빌려
월세를 살까 하는데
그대 괜찮겠소

쪽방이라도 괜찮소
아직 온전히 내 마음 붙일 자신 없어
월세를 살까 하는데
그대 나에게 방 한 칸 내 주겠소

방랑시인 김삿갓처럼
그대 마음에
詩 한 수 써놓고
정처 없이 떠나갈 지도 모르겠지만

그러나 월세 값치곤
가장 값나가는
월세 돈 아니겠소

詩의 샘물

쉬지 않고 詩가 샘물처럼 흘러나올 때는
한 달이건 두 달이건
가까운 사람들과 연락이 두절되어도 좋다

오히려 연락이 와
詩의 샘물을 다 담지 못하고
중단될까 봐 두렵다

그럴 때면 속으로 제발 연락이 오지 않기를
기도한다

시인에겐
詩의 샘물이 끊이지 않고
계속 흘러나오는 것처럼
목숨 걸 일이 없을 것이기에

詩의 샘물이 끊이지 않고 흘러나올 때면
신명이 나서
가장 큰 선물을 주신 그분께
눈물 나는 감동의 감사를 드린다

반가운 비

더는 볼 수 없을 것만 같았던 사람이
불쑥 찾아왔다
반가운 단비처럼

말할 수 없는 기쁨이
촉촉이 마음을 적신다

가물었던 그리움이
샘물처럼 솟아올라
그동안 서운했던 마음을
말끔히 씻어내고

서로의 마음이 목마르지 않도록
마음을 다 열어 내어준다
마치 단비가 대지를 흠뻑 적셔주듯

비누

내 한 몸 닳고 닳아
당신이 깨끗해질 수만 있다면
얼마든지 내 몸을 다 드릴게요

세상을 살기 위해
분주히 돌아다니다
세상의 먼지, 때
뒤집어쓴 당신을
내 몸을 비벼 비벼
깨끗이 씻어 드릴게요

까짓것, 내 한목숨이야
당신을 위해
이 세상에 존재하는 것

당신이 내 몸을 비빌 때마다
내 몸에서 나오는 하얀 거품은
당신에게 바칠
순백의 내 영혼인 것을

내 몸이 닳고 닳아
당신이 깨끗해질 수만 있다면
당신이 세상의 병균에 옮지 않고
상쾌하게 살 수 있도록
아낌없이 내 한 몸 다 내어 드릴게요

저녁

저녁은 하루의 전쟁을 휴전하게 한다
낮 동안의 치열했던 전투,
오늘은 마치 화력이 활화산 같았다
섭씨 35도,

치열한 전투에 목숨을 걸지 않으면
세상을 살아갈 실탄을
더 이상 공급받을 수 없어
이 세상의 기억 속에서 사라져 갈
낙오자가 될 것이 뻔하다

점차 판단력도 흐려질 것이고
세상이 형성하고 있는 진지를 찾아가는 길은
험난한 수렁일 것이기에
아무도 모르는 사이
자취도 없이 잊혀 질 것이다

휴식은 갈증도 잊은 채
치열했던 낮 동안의 전투를 돌아보게 한다

마음의 전투복을 벗어놓고
세상을 사는 동안은 죽음도 함께할 수 있다는
사랑의 전우들 —
면회 온 가족들과 함께할 수 있는 저녁 만찬은
이 세상에서 가장 평화로운 일용할 시간인데
마음을 무장해제 시키니
사랑이 강물처럼 흐른다

별들의 우체통

요즘 도시에선 별들이 보이지 않아
그 옛날 시골에서 보았던
보석처럼 찬란하게 반짝이며
실개천처럼 맑게 흐르던 별들을
마음속으로 바라봅니다

별똥별이 떨어지자
찰랑 찰랑거리는 마음속

울음을 멈췄던 여치들이
일제히 울어대고
풀잎들은 밤새 은하를 헹궈
진주를 굴리고 있는데

날이 밝아오기 전까지
나는 별들의 우체통이 되어
별들이 그대에게 보내는 메시지를
하나도 놓치지 않고 다 담으려고
마음의 눈을 초롱초롱 뜨고 있지요

여행

태어나면서부터
시발역과 종착역은 알 수 있는데
인생이란 여행을 평생 하다 보면
앞으로 어떤 역을 거치게 될지는 알 수 없어
혹 낯선 정거장에 도착한다 할지라도
이것 또한 내 인생의 여정이려니
감사하며 받아들이기로 마음먹는다

여행하다가 큰 고장이라도 나서
불시착하게 되면
내 인생은 중환자실에서
끝날 수도 있는데
까짓 예측 못한 정거장에 도착하면
어떠랴

인생을 여행하면서
순간순간 스쳐 지나간 수많은 간이역은
내 인생의 아름다운 추억의 순간이려니

그동안 정차했던 정거장도
지나가고 나면
간이역 같은 내 삶의 순간이려니

해설

영혼의 꽃과 노래의 날갯짓
–박효석의 시세계

유승우(시인, 문학박사, 인천대학교 명예교수)

1. 들어가는 말

사람이 침팬지와는 98.7%, 고릴라와는 97.7%, 오랑우탄과는 96.4%의 유전자가 같다고 한다. 그렇다면 1.3%, 2.3%, 3.6%의 차이 때문에 원숭이가 아닌 사람이 된 것이다. 1.3%가 다르기 때문에 98.7%가 같아도 침팬지는 사람이 아니다. 이 1.3%가 사람과 침팬지 사이의 건널 수 없는 강이다. 이 1.3%가, 사람은 왜 사람인가에 대한 답이기도 하다.

왜 사람인가. 1.3%의 신비(神秘)는 무엇인가. 신비(神秘)

란 "눈에 보이지는 않으나 반드시 있다"는 뜻이다. 1.3%는 98.7%에 비하면 무시해도 될 것 같다. 그러나 그럴 수 없는 것이, 이 1.3%가 침팬지에게는 영원히 건널 수 없는 강이기 때문이다. 침팬지는 사람이 하는 짓을 98.7%까지 흉내 내면서도 말만은 따라 하지 못 한다. 그렇다면 침팬지가 영원히 건널 수 없는 강은 바로 말씀의 강이다. 말씀은 '말을 쓰다'의 명사형이다. 왜 사람인가에 대한 답이 이제 명백해졌다. 왜 사람인가. 말을 쓰기 때문에 사람이다. 이 땅 위의 어떤 생물도 말을 씀으로써 의사소통을 하고, 문화와 문명을 창조하지 못한다.

이 땅 위에는 식물, 동물, 인간이란 세 가지 생물(生物)이 있다. 생물의 생명도 "눈에 보이지는 않으나 반드시 있는" 신비(神秘)이다. 생명은 흙에서 나서 자란다는 뜻의 날 생(生)자와, 입으로 소리를 낸다는 뜻의 목숨 명(命) 자로 구성되어 있다. 식물도 흙에서 나와 자라기 때문에 생(生)의 강까지는 함께 건넜고, 동물들은 입이 있어 소리를 내기 때문에 명(命)의 강까지 사람과 함께 건넜다. 그러니까 식물은 생(生)의 강을 건너 생물(生物)나라까지는 함께 왔지만, 입으로 소리를 내는 명(命)의 강을 건너지 못해 동물나라에 이르지는 못한 것이다.

식물적 생명의 절정은 꽃이고, 동물적 생명의 절정은 노래이다. 식물의 꽃은 하늘에 대한 향수의 형상화다. 동물의 입은 먹기 위한 기관이다. 그래서 동물은 먹이를 찾아 땅을 헤맨다. 하늘에 대한 향수가 없기 때문이다. 동물의 하늘에 대한 향수는 날개이다. 날개는 날아오르려는 의지다. 날개가 없는 동물의 입은 먹이를 먹기 위한 기관이지만, 날개가 있는 동물의 입은 노래하는 입도 된다. 새들이 노래하고, 곤충까지도 노래한다. 하늘에 대한 향수의 표현이다. 그러면 인간은 어떻게 노래를 하나. 상상의 날개가 있기 때문이다. 그래서 시는 인간이 하늘에 대한 향수를 형상화한 영혼의 꽃이다.

영혼은 육신처럼 죽지 않는다. 식물이 동물처럼 죽지 않는 것과 같다. 동물은 목을 자르면 죽지만, 식물은 목을 자르면 더욱 푸르게 더욱 많이 돋아난다. 영혼이 현실적으로 고난을 만나면, 하늘에 대한 향수가 더욱 강화되는 것과 같다. 심령이 가난한 자가 되는 것이다. 영혼은 죽지 않고 잠 들 뿐이다. 그러나 배부른 영혼은 잠든다. 영혼을 깨워 일으켜야 한다. 상상의 날개로 하늘을 향해 날아올라야 한다. 이를 가리켜 한자로 흥(興)이라고 한다. 영혼이 잠들면 망(亡)한다. 상상력이 잠들면 개인이나 국가나 망할 수밖에 없다. 그래서 시인은 많을수록 좋다. 공자는 이런 진리를 알아서, 시로만 영혼이 깨어난다고 했다.(興於詩)

박효석 시인이 그의 열여섯 번째 시집 『별들의 우체통』을 출간한다고 한다. 그의 영혼은 잠들지 않았고, 하늘을 향한 노래의 날갯짓은 계속 펄럭이며 하늘을 향해 날아오르고 있었던 것이다. 박효석 시인의 영혼의 꽃과 노래의 날갯짓을 만나러 그의 시의 나라에 들어가 보기로 하자.

2. 마음의 잎, 영혼의 꽃

시의 가장 중요한 요소는 상상력(想像力)이며, 상상(想像)은 우리말로 '그리다'이다. 그러니까 상상력은 '그리는 힘'이다. 그런데 이 '그리는 힘'은 '없음(無)'을 느낄 때 강력해진다. 부모가 없는 고아는 부모를 그리는 힘이 강해지고, 사춘기가 지나서도 연인이 없는 남녀는 연인을 그리는 힘이 강해진다. 마음속으로만 그리면 '그리움'이고, 선과 색채로 그리면 '그림'이 되며, 말로 그리면 시적 이미지가 된다. 그래서 C.D 루이스는 "시적 이미지는 말로 그린 정열적 그림"이라고 정의했다. 여기서 정열적이란 말은 강력한 그리움을 가리키는 말이다. 그리움은 곧 사랑이다. 그러니까 시인은 곧 뜨거운 사랑을 하는 사람이다.

떡갈나무 잎을 보면
옛날 어머니가 만들어주시던
개떡이 생각나는데
허기질 때마다 어머니가 만들어주시던
개떡을 먹으면
속이 평온하기 짝이 없고 행복했던 것처럼

우리 집 거실의 떡갈나무를 볼 때마다
속이 시원해지는 것은
그때의 어머니의 미소가 반짝반짝
떡갈나무 잎을 비춰주고 있기 때문이 아닌지

햇살이 사금처럼 눈부신
우리 집 거실

—「떡갈나무」 전문

위의 시는 이번 시집의 첫머리에 실린 작품이다. 그러니까 박효석의 시세계의 현관과 같은 작품이다. 어떤 집이든지 현관에만 들어서도, 그 집안의 모든 분위기를 감지할 수 있다. 박효석의 시세계의 분위기도 이 작품 한편으로 감지할 수 있을 것이다. 우선 이 시의 제목을 보자.「떡갈나무」는 그 잎이 널찍

널찍한 활엽수이다. 시인은 "떡갈나무 잎을 보면/ 옛날 어머니가 만들어 주시던/ 개떡이 생각나는데/ 허기질 때마다 어머니가 만들어 주시던/ 개떡을 먹으면/ 속이 평온하기 짝이 없고 행복했던 것처럼"에서 보듯, 「떡갈나무」의 이미지는 "속이 평온하기 짝이 없는 행복함"이다. 시인은 "떡갈나무의 잎"에서 "옛날 어머니가 만들어 주시던 개떡"을 보는 것이다. 현재 어머니는 안 계시고, 그래서 어머니에 대한 그리움은 강력해지고, 떡갈나무 잎에서 옛날 어머니가 만들어 주시던 개떡을 보게 된 것이다. 박효석 시인만이 본 것이다. 남은 볼 수 없는 것을 나만이 보고 그려 놓은 것이 시각적 이미지이다. 남은 볼 수 없는 것을 나만이 볼 수 있으려면 가슴이 뜨거워야 한다. 어머니에 대한 그리움이 없었으면 거실의 「떡갈나무」 잎에서 개떡을 볼 수 없었을 것이며, "그때의 어머니의 미소가 반짝반짝/ 떡갈나무 잎을 비춰주고 있기 때문"이라는 것도 알 수 없었을 것이다. 시인의 어머니에 대한 그리움이 결국 "햇살이 사금처럼 눈부신/ 우리 집 거실"로 작품이 마무리된 것이다.

사르트르는 자연의 사물은 '있음(存在)'이지만 인간존재는 '없음(無)'이라고 했다. 이 '없음' 때문에 모든 인간은 '있음'을 향한 그리움으로 상상력이 강력해져서 예술작품을 창작하게 된다는 것이다. 그러므로 모든 예술작품은 정열적 사랑의 결실이라는 것이다. 그중에서 시는 언어예술의 결실이므로 영혼의 꽃이라는 것이다.

세상을 사는 동안
詩를 읽지 않으면 살 수 없는
詩를 전염시키는 바이러스는
이 세상에 없는 것일까

치료약이 필요 없는
詩를 읽어야만 건강하게 살 수 있고
詩를 읽지 않으면
끝내 병들어 죽고야 마는

이 지구상의 어떤 한 사람도 빠뜨리지 않고
전염시킬 수 있는
아주 강한 詩의 바이러스는
과연 이 세상에 없는 것일까

詩를 읽는 사람의 머리마다
푸른 숲이 되고
푸른 강물이 되고
푸른 산맥이 되는

치료약이 필요 없는
詩를 읽어야만 건강하게 살 수 있고
詩를 읽지 않으면
끝내 병들어 죽고야 마는
각양각색의 음 색깔로 노래하는 새들처럼
詩의 푸름의 메아리를
서로 수신하고 교감하지 않으면
이 세상에선 도저히 살 수 없는
엄청 전염성이 강한 詩의 독성 바이러스가
이 세상엔 과연 없는 것일까

나는 우선 가족들에게
詩의 감동의 바이러스를 전염시키기 위하여
수시로 詩를 읽어주고 있다

—「詩의 바이러스」 전문

위의 시는 모두 6연으로 된 비교적 긴 작품이다. 그러나 전문을 인용했다. 나는 위의 시를 읽으면서, "참말 그래"라고 공감했다. 요즘에는 시를 읽는 사람이 없다. 시인의 가족도 읽지 않는다. 시인을 존중하기는커녕 시인을 가리켜 '미친놈'이라고 하는 세상이다. 필자는 어느 시집출판기념회에서, 시인이 되는 조건으로 첫째 미쳐야 하고, 둘째 마음이 가난해야 한다고 했다. 플라톤도 시신의 광기에 붙들리지 않고는 시인이 될 수 없다고 했다. 그리고 마음이 가난해야 그리움을 갖게 되고, 그리움이 잉태되어야 존재의 싹이 터서 마음의 잎이 피고, 영혼의 꽃이 피어날 수 있지 않을까. 그러나 오늘날은 마음의 잎이 피고, 영혼의 꽃이 피기에는 너무나 마음 밭이 황폐한 것이 사실이다. T.S 엘리엇이 「황무지」를 쓸 때만 해도 오늘날처럼 황폐하지는 않았던 것 같다.

사실 모든 인간은 1.3%의 신(神)의 유전자인 「詩의 바이러스」를 타고났다. 사람이 타고난 이 「詩의 바이러스」는 곧 '말씀'이다. 그래서 시를 '언어예술'이라고 한다. 예술(藝術)의 예(藝)자는 '씨앗(種子)을 심어 키우는 것'을 상형한 글자라고 한다. 그러니까 이 '말씀'은 '없음(無)'인 인간존재를 '있음(存在)'이 되게 하는 씨앗인 것이다. 박효석은 이것을 알고 있는 사랑의 시인이다. 그래서 "詩를 읽어야만 건강하게 살 수 있고/ 詩를 읽지 않으면/ 끝내 병들어 죽고 마는", "아주 강한 詩의 바이러스는/ 과연 이 세상에 없는 것일까"라고 절규

하고, "나는 우선 가족들에게/ 詩의 감동의 바이러스를 전염시키기 위하여/ 수시로 시를 읽어주고 있다"라고 마무리한다. 박효석 시인의 이러한 바람은 모든 시인의 심정일 것이다. 박효석 시인은 「죽은 날」이라는 작품에서, "시인이 시를 쓰지 않는 날은/ 죽은 날이라고 생각하면서도"로 시작해서, "시인이 시를 쓰지 않는 날은/ 시인에겐 숨 쉬지 않는 날이나/ 다름없어라"로 마무리하고 있다. 박 시인의 진정 어린 호소를 듣는 것만 같다.

3. 창작(創作)과 조작(造作)

박효석 시인은 "시인이 시를 쓰지 않는 날은/ 시인에겐 숨 쉬지 않는 날"이라고 한다. 그렇다. 시인에겐 '시를 쓰는 것'이 곧 '숨을 쉬는 것'이며, '숨을 쉬는 것'은 곧 '살다'이고, '살다'라는 동사는 '생명을 짓다'와 '생명을 이어가다'라는 두 가지 의미를 갖는다. 그리고 '생명을 짓다'의 한자어는 '창작(創作)'이고, '생명을 이어가다' 의 한자어는 생존(生存)이다. 사람은 우선 생존을 위해 도구를 만든다. 이 생존을 위한 도구가 물건이다. 그런데 우리말에서 물건은 '만들다'라고 하지만 생명은 '만들다'라고 하지 않고 '짓다'라고 한다. 그래서 시를 쓰는 것을 창작이라고 한다. 창작의 창(創)은 "생명의 없음에서 있음"이 되는 것이며, 작(作)은 '짓다'이다. 그래서 창작의 뜻이 '생명을 짓다'인 것이다. 우리말의 '짓다'라는 뜻의 한자에는 지을 조(造) 자와 지을 작(作)자가 있다. 그래서 '생명을 짓다'의 한자 단어가 창조(創造)와 창작(創作)인 것이다. 그런데 창조는 하나님 곧 조물주(造物主)만의 특권이고, 인간에게 허락된 것은 창작이다. 창조(創造)는 형체(形體)있는 생명을 짓는 것이기 때문에 조물주만의 특권이다. 사람은 풀 한 포기나 겨자 씨 한 알도 지을 수 없다. 사람이 만든 풀은 화분에 심어도 자라지 않으며, 사람이 만든 조화(造花)는 화병에 꽂아도 지지 않는다. 그것엔 생명이 없기 때문이다. 생명이 없이 그 모양만 만드는 것을 조작(造作)이라고 한다. 사람은 왜 생명을 짓는 창작을 계속하는가. 그것은 인간에게 주어진 「그리움」 때문이다.

내 심장엔
평생을 가물 줄 모르는
그리움의 실개천이 흘러

때로는 홍수가 나서
온몸을 적시기도 하는데

눈망울 둑이 터져
넘쳐날 때도 있다

–「그리움」 전문

시인은
詩뿐이 거둬들일 게 없는데
내 詩가 과연 얼마나 많은 사람들에게
일용할 양식이 되었을지

詩의 곳간에 채워 둘 詩를 아무리 둘러 봐도
눈에 띄는 건
오로지 쓸모없는 쭉정이뿐인 詩

詩의 품종을 새로 개발하든지
절필하든지
목숨을 걸고 심사숙고해야겠다

―「가을걷이」 전문

시는 「그리움」의 열매이다. 마음속으로만 그리는 것이 「그리움」이라고 했다. 마음은 곧 심장이다. 박효석은 "내 심장엔/ 평생을 가물 줄 모르는/ 그리움의 실개천이 흘러"라고 한다. 그래서 시인이다. 시의 중요한 요소가 상상력이고, 상상의 우리말은 '그리다'이다. 그러니까 상상력은 '그리는 힘'이며, 이 상상력이 언어로 그린 그림이 시적 이미지이다. 이미지는 우리말로 심상(心象)이다. 마음으로 그리는 그림이란 뜻이다. 「그리움」은 사물이 아니라 그림으로 그릴 수 없다. 그래서 '그리움의 실개천'이란 은유를 썼다. 그러니까 〈그리움=실개천〉이 된 것이다. 그 '실개천'이 "때로는 홍수가 나서/ 온몸을 적시기도 하는데", 어떤 땐 "눈망울 둑이 터져/ 넘쳐날 때도 있다"고 한다. 박효석은 시인의 운명을 타고났다. 그의 〈그리움=실개천〉이란 은유는 자연스럽게 〈그리움=눈물〉이란 은유가 된다. 그는 「그리움」으로 온몸을 적시고, 그리움 때문에 엉엉 우는 시인이다. 무엇보다도 「그리움」 때문에, 사랑 때문에 눈물 짓는 사람은 참 시인이다. 눈물은 결코 조작(造作)해서 만드는 것이 아니다. 그래서 웃음과 눈물은 만든다고 하지 않고 짓는다고 한다.

식물은 잎을 피우고, 꽃을 피운 다음 열매를 맺는다. 다시 말해 철 따라 생명을 짓는다. 식물의 생명 짓는 일을 사람이 관리하는 것이 농사이다. 그래서 농사도 '짓다'라고 한다. 인생에도 봄, 여름, 가을, 겨울의 네 철이 있다. 가을에는 「가을걷이」를 하게 된다. 박효석 시인이 내년에 고희(古稀)를 맞는다고 한다. 70이면 인생의 가을이다. 그래서 「가을걷이」를 썼나 보다. 박효석은 "시인은/ 詩뿐이 거둬들일 게 없는데/ 내 詩가 과연 얼마나 많은 사람에게/ 일용할 양식이 되었을지" 라고 「가을걷이」를 시작한다. 그런데 "詩의 곳간에 채워 둘 詩를 아무리 둘러봐도/ 눈에 띄는 건/ 오로지 쓸모없는 쭉정이뿐인 詩"라고 한탄한다. 그리고는 "시의 품종을 새로 개발하든지/ 절필하든지/ 목숨을 걸고 심사숙고해야겠다"로 마무리한다.

앞에서 말했듯이 오늘날은 시를 읽는 사람이 없다. 시의 곳간에 쭉정이만 있는 게 아니라, 독자의 곳간에 쓰레기만 가득한 세상이다. 그러나 박효석 시인은 이렇게 황폐한 현실이 자신의 탓이라고 한탄한다. 필자가 보기엔 박효석의 시는 모두 알곡의 창작이다. 참으로 쓰레기 같은 시를 조작해 가지고 대가연하는 것은 시인이 아니다. 시에는 대가(大家)가 없다.

요즘 도시에선 별들이 보이지 않아
그 옛날 시골에서 보았던
보석처럼 찬란하게 반짝이며
실개천처럼 맑게 흐르던 별들을
마음속으로 바라봅니다

별똥별이 떨어지자
찰랑찰랑 거리는 마음속

울음을 멈췄던 여치들이

일제히 울어대고
풀잎들은 밤새 은하를 헹궈
진주를 굴리고 있는데

날이 밝아오기 전까지
나는 별들의 우체통이 되어
별들이 그대에게 보내는 메시지를
하나도 놓치지 않고 다 담으려고
마음의 눈을 초롱초롱 뜨고 있지요

—「별들의 우체통」 전문

요즘은 인간의 마음이 시만 없는 황무지가 아니다. 위의 시 첫 행 "요즘 도시에선 별들이 보이지 않아"에서 보듯, 밤하늘의 별들도 보이지 않는다. 그래서 "그 옛날 시골에서 보았던/ 보석처럼 찬란하게 반짝이며/ 실개천처럼 맑게 흐르던 별들을/ 마음속으로 바라볼" 수밖에 없다. 이것은 비유와 상징이다. 그래서 「별들의 우체통」이란 작품이 열여섯 번째 시집의 표제가 된 것이다. 한 시집의 표제는, 그 시인의 영혼의 집 대문에 걸어놓은 문패이다. 요즘 도시에선 별들만 보이지 않는 게 아니라 문패도 찾아볼 수 없다. 그래서 비유와 상징이라고 한 것이다. 짓는 것은 집이다. 시도 짓는 것이므로 집이다. 마음이 흘러나오면 말이 되고, 그 말로 지은 집이 시이다. 그래서 시는 마음의 집이다. 모든 시인의 마음은 그의 시 안에서 살고 있다. 박효석의 시 안에는 박효석의 마음, 곧 영혼이 살고 있다. 그래서 시는 표절을 용납하지 않는다. 표절은 남의 영혼을 훔쳐다가 거짓으로 조작(造作)하는 일이다. 영혼의 감동으로 짓는 웃음과 눈물도 조작할 수 없다. 영혼의 도둑질이기 때문이다.

시를 짓는 것을 한자어로 작시(作詩)라고 한다. 지을 작(作)자는 사람 인(人)자와 잠깐 사(乍)자의 모음이다. 사람은 잠깐이라도 짓는 일을 멈추어서는 안 된다는 뜻이다. 특히 시를 짓는 일은 잠깐이라도 멈출 수 없다. 마음의 집, 영혼의 집이기 때문이다. 박효석의 시에 대한 마음은 이미 「죽은 날」과 「詩의 바이러스」에서 만나보았다. 위의 작품에서 '별들'은 박효석의 시심이다. 이 시심은 "울음을 멈췄던 여치들이/ 일제히 울어대고/ 풀잎들은 밤새 은하를 헹궈/ 진주를 굴리고 있는데"에서 보듯, "살아있는 영혼의 감동"이다. 시어들 하나하나가 저대로의 표정으로 눈물짓고, 웃음 짓는다. 이러한 작시(作詩)를 가리켜 하이데거는 '인간존재의 구현'이라고 하고, 언어를 가리켜 '존재의 집'이라고 했다. 그래서 박효석은 "날이 밝아오기 전까지/ 나는 별들의 우체통이 되어/ 별들이 그대에게 보내는 메시지를/하나도 놓치지 않고 다 담으려고/ 마음의 눈을 초롱초롱 뜨고 있지요"라고 한 것이다. 그렇다. 「별들의 우체통」은 박효석 시인의 시의 집 대문에 걸려 있는 문패이다.

4. 나오는 말

이제까지 박효석 시인의 열여섯 번째 시집 「별들의 우체통」의 시세계를 둘러봤다. 그 결과 박효석은 시인(詩人) 그대로의 이름을 떠나지 않고 있음을 확인할 수 있었다. 시인은 시인을 떠나서 다른 무엇도 될 수 없다. 시인은 잠깐도 떠날 수 없는, 존재(Being) 자체의 이름이다. 그래서 시인이 되는 조건을 첫째 시에 미침, 둘째 심령의 가난함이라고 한 것이다. '시에 미침'은 잠깐도 시를 떠날 수 없음이며, '심령의 가난함'은 마음 속에 작시 외에 다른 욕심이 없음을 의미한다. 그런 만큼 시에는 대가가 없다. 일가를 이루었다고 하면 그는 시인이 아니다. 일가를 이루면 가(家)자가 붙게 된다. 정치가, 법률가, 소설가, 화가에까지도 가(家)자가 붙는다. 그러나 시인은 영원히 시인(詩人)이지 시가(詩家)가 될 수 없다. 내가 보기엔 박효석은 영원히 시인의 이름을 떠나지 못할 것이다. 시인이 그의 팔자이며 운명이기 때문이다.

그래서 박효석은 지상에 존재하는 날까지는 마음의 잎과 영혼의 꽃을 피우는 노래의 날갯짓을 멈추지 않을 것으로 믿는다. 그리고 생명을 짓는 창작활동을 멈추지 않을 것이며, 하늘이 무너져도 영혼의 꽃을 조작하는 거짓의 날갯짓은 하지 않을 것으로 믿는다. 끝으로 박효석 시인의 건강을 위해 기도하겠다는 다짐을 하며, 이 글을 마무리한다.

그림과책 시선 140

별들의 우체통

초판 1쇄 발행일 _ 2015년 11월 25일

지은이 _ 박효석
펴낸이 _ 손근호

펴낸곳 _ 도서출판 그림과책
출판등록 2003년 5월 12일 제300-2003-87호

110-814 서울 종로구 통일로 272, 210호(무악동, 송암빌딩)
[무악동 63-4 도서출판 그림과책]
전화 (02)720-9875, 2987 _ 팩스 (02)720-4389
도서출판 그림과책 homepage _ www.sisamundan.co.kr
후원 _ 월간 시사문단(www.sisamundan.co.kr)
E-mail _ munhak@sisamundan.co.kr

ISBN 978-89-94753-38-6(03810)

값 10,000원

「이 도서의 국립중앙도서관 출판예정도서목록(CIP)은 서지정보유통지원시스템 홈페이지(http://seoji.nl.go.kr)와 국가자료공동목록시스템(http://www.nl.go.kr/kolisnet)에서 이용하실 수 있습니다.(CIP제어번호: CIP2015031045)